Ueber die Rechts- und Eigenthums-Verhältnisse der Herrschaft Schwedt und Wildenbruch.

Ein Beitrag zum Preußischen Domainenrecht.

Berlin.
Verlag von Veit & Comp.
1842.

Vorwort.

Es ist einer der gewöhnlichsten Fehler gewisser Staats-Theorien unserer Zeit und der daraus hervorgehenden öffentlichen Meinung, daß die landesherrlichen Domainen Eigenthum des Staates seien; selbst in das Allgemeine Landrecht für die Preußischen Staaten ist dieser höchst unhistorische Irrthum gekommen, indem es darin (Thl. I. Tit. 14 §. 11 und 12) heißt:

> Einzelne Grundstücke, Gefälle und Rechte, deren besonderes Eigenthum dem Staate und die ausschließende Benutzung dem Oberhaupte desselben zukommt, werden Domainen und Kammergüter genannt.

Auch diejenigen Güter, deren Einkünfte dem Unterhalt der Familie des Landesherrn gewidmet werden [von wem?], sind als Domainengüter anzusehen.

Ob es solche Güter, wie sie hier bezeichnet, im Preußischen giebt? ob es sich nachweisen läßt, daß, dem wirklichen thatsächlichen Verhältniß nach, hier Güter vorhanden, welche dieser theoretischen Definition entsprechen? dies ist eine schwerlich zu bejahende Frage. (Vergl. „Einige Worte über die im Preußischen Allgem. Landrechte ausgesprochenen staatsrechtlichen Grundsätze von W. v. K. Berlin, bei Nicolai, 1828.") In neuerer Zeit hat der Ober-Landes-Gerichtsrath Koch in seiner Schrift: „Ueber die Preußischen Domainen u. s. w." (Breslau, bei Aderholz, 1838) richtigere Grundsätze dargelegt, und nachgewiesen, wie sich das wirkliche Verhältniß der rechtshistorischen Entwicklung bei uns gestalte.

Keine Dynastie kann in größerem Maaße ein nachweisliches wahres Eigenthum an ihren Domainen haben, als die Hohenzollern in den Marken, welche sie bekanntlich für baares Geld zu Lehn erworben und erkauft haben, und welche nach Auflösung des Reichsverbandes so reines Eigenthum geworden sind, wie nur jemals ein Privatmann sein allodificirtes Lehn-Rittergut erwerben kann.

Mit gleich starken Staats- und Privatrechtstiteln besitzt unser Königliches Haus die zahlreichsten andern Domainen, deren einige z. B. mit dem Heirathsgut der Gemahlinnen der Regenten und Prinzen erkauft sind, (wie, wenn wir nicht irren — die Domaine Oranienburg). Es ist also nichts thörichter und rechts- und geschichtswidriger, als die Domainen im Preußischen im Allgemeinen für Eigenthum des Staates zu halten; und ähnlich wird es sich in andern Deutschen Staaten verhalten.

Eine Verschiedenheit in den Rechtstiteln der Domainen waltet allerdings ob, denn neben den

alten Hausgütern und

den mit eigenem Gelde erkauften

kommen in Betracht

die Güter säcularisirter Klöster und anderer

eingegangener moralischer Personen (Ritter-orden u. s. w.);

ferner

die durch Erbrecht, Eroberung und Friedensschlüsse u. s. w. neu erworbenen Landestheile und Domainen,

in welchen die jetzige Dynastie ganz in die Stelle der früheren Landesfürsten (auf deren Besitztitel es also ankäme) oder — je nach der Art der Erwerbung — in ein neues Verhältniß getreten sein könne. Auch kommen vor:

eröffnete Lehen,

zumal wenn diese ehemals aus Domainen verliehen waren,

und, weniger erheblich,

confiscirte und solche Güter, die aus vacanten Erbschaften anfallen.

Neben dem Allen kommen nun die Veränderungen der neuern Zeit in Betracht, wonach sich überhaupt der Begriff und das Wesen des „Staates" entwickelt hat. Wie die landesherrlichen Domainen entschieden

Eigenthum der Dynastieen waren, wurden davon auch viele Ausgaben getragen, die jetzt aus den Landessteuern und Staatskassen gezahlt werden. Ferner sind in den verschiedenen Staaten mancherlei ausdrückliche Vereinbarungen zu Stande gekommen; in Preußen z. B. das Hausgesetz vom 17. December 1808, die Bestimmungen über die Staatsschulden und deren Tilgung, und der **Umstand**, daß die Landesherren durch den Erlös aus verkauften, ihnen nachweislich eigenthümlich gehörigen Domainen Staatsschulden getilgt haben. So sind z. B. Kaufgelder für Oranienburg und die Domainen aus der Herrschaft Schwedt, welche Privat-Eigenthum der Dynastie waren, zur Staatsschulden-Tilgung mitverwendet.

Schon aus diesen flüchtigen Andeutungen erhellt, daß die Frage über das Eigenthum und die Rechtsverhältnisse der Domainen sich nicht so generell gleichartig beantworten läßt, sondern, daß es dabei theils auf

die geschichtliche Bewandtniß, welche es mit

jeder einzelnen Domaine hat,

theils auf

die allgemeinen Verhältnisse, welche hinsichtlich der Domainen-Angelegenheiten überhaupt eingetreten sind,

ankommt, und daß, während einerseits

ganz eigentliche Eigenthums-Rechte des regierenden Hauses unzweifelhaft nachweislich sind,

doch auch andererseits

Rechte und Ansprüche des Staatsverbandes vorhanden sind, welche das landesherrliche Eigenthum modificiren, beschränken oder ganz ausschließen.

Der Umstand allein, daß eine Domaine von einem aufgehobenen Kloster oder geistlichen Stift herrührt, schließt das landesherrliche Eigenthum noch keineswegs aus, denn

1) eben so gut, wie viele Privatleute nach der Reformation durch Besitz, Verjährung, Vergleich u. s. w. ehemalige geistliche Güter eigenthümlich erwarben, konnten die Landesherren es auch (cf. §. 13 und 14 Thl. II. Tit. 14 des Allgemeinen Landrechts); sie sind nicht minder fähig, Eigenthumsrechte zu erwerben.

2) In denjenigen Stiftsbezirken, worin die Stifte (resp. deren Bischöfe) Landeshoheit hatten (z. B. in Magdeburg, Minden u. s. w.) bestanden als Reichslehne landesherrliche Domainen. Anstatt der wechselnden Bischöfe trat die erbliche Dynastie ein, welche, nach Auflösung des Reichsverbandes, diese Domainen als Haus-Eigenthum ohne lehnsherrlichen Nexus erwarb. Hieher dürfte z. B. das Amt Giebichenstein gehören.

Bei dem angriffsweisen Verfahren, welches verkehrte Staats-Theorien und darin befangene Stände und Kammern gegen die landesherrlichen Domainen oft beobachtet haben, muß jedem Patrioten daran gelegen sein, daß die Rechte der Dynastie nicht verletzt werden und nicht der Wahn stattfinde, daß das Königliche Haus aus den Steuern und dem Eigenthum des Staates unterhalten werde, während unsere erfreulich begüterte Dynastie nicht nur aus den Einkünften ihres eigenen Eigenthums lebt, sondern aus demselben sogar noch beträchtliche Zuschüsse zu den allgemeinen Staatslasten freigiebig fließen läßt.

So wenig bis jetzt für eine richtige allseitige Darlegung der Rechts- und Eigenthums-Verhältnisse der Preußischen Domainen gethan und eine Literatur dafür fast gar nicht vorhanden ist, so kann diese doch nur aus einer Bearbeitung der einzelnen Theile dieser Angelegenheit erwachsen, zu welcher ein jeder Geeignete nach Kräften beitragen möchte. — Ein Beitrag zu diesem Zweck sind die hier folgenden Nachrichten über die Rechtsverhältnisse der Herrschaft Schwedt.

Den 5. April 1842.

F. v. G.

Ueber
die Rechts- und Eigenthums-Verhältnisse der Herrschaft Schwedt und Wildenbruch,
als
Wiederlegung der Ansicht:
Daß die Herrschaft Wildenbruch zu den Staats-Domainen zu rechnen.

Der Kurfürst Friedrich II. von Brandenburg, bildete aus der Stadt Schwedt, Vierraden und mehreren andern Ortschaften einen Gütercomplexus von circa 4 Quadratmeilen Größe, unter dem Namen

„Herrschaft Schwedt"

und belehnte damit im Jahr 1478 den Grafen Johann v. Hohenstein.

Der Mannsstamm dieser Familie erlosch mit dem Grafen Martin v. Hohenstein anno 1609, worauf diese Herrschaft als eröffnetes Lehn an den Kurfürsten Johann Siegismund zurückfiel.

Seitdem blieb Schwedt eine für sich bestehende, abgesonderte Besitzung, wurde durch besondere Amts-Hauptleute verwaltet und ihrer Lage nach als zur Uckermark gehörig gerechnet.

Im Jahre **1619** diente dieses Amt als Wittwensitz für die Kurfürstin Anna, Gemahlin Johann Siegismund's, und anno **1653** in gleicher Eigenschaft der Kurfürstin Elisabeth Charlotte, Wittwe Georg Wilhelms.

Der Kurfürst Friedrich Wilhelm der Große verpfändete das (sogenannte) Amt Schwedt unter dem **28.** Juni **1664** an den Grafen v. Varensbach für die Summe von **25,000** Rthlr. Seine Gemahlin zweiter Ehe, die Kurfürstin Dorothea, Tochter des Herzogs Philipp v. Holstein-Sonderburg, lösete dasselbe aus eigenen Mitteln wieder ein und brachte es, laut Vertrag vom **28.** Juni **1670**, käuflich an sich. (Beilage A.)

Durch diese Urkunde vom **28.** Juni **1670** wurde aus dem Amte Schwedt eine Familienstiftung mit der Bestimmung gebildet, daß sämmtliche zu diesem Amte später acquirirten Güter, außer churfürstliche Domainen, demselben einverleibt werden sollten. Dieser Fall trat ein, als die Kurfürstin die Herrschaft Wildenbruch für **120,000** Thaler ankaufte. Wildenbruch war ursprünglich eine Comthurei des Johanniter-Ordens gewesen, späterhin säcularisirt und dem Freiherrn v. Bidal zu Hamburg von der Königin

Christine von Schweden mit mehreren Gütern als eine freie Herrschaft überlassen worden.

Nach dem im Jahre **1689** erfolgten Tode der Churfürstin Dorothea folgte ihr, den Bestimmungen der Urkunde de **1670** über die Erbfolge gemäß, ihr mit dem Churfürsten Friedrich Wilhelm dem Großen erzeugter ältester Sohn, Markgraf Philipp. — Er starb den **19.** September **1711.** Sein ältester Sohn, Markgraf Friedrich Wilhelm, folgte ihm im Besitz der Herrschaft. — Nach seinem Abgange am **4.** Mai **1771** folgte sein Bruder, Markgraf Friedrich Heinrich, mit dessen am **12.** December **1788** erfolgtem Tode die männliche Nachkommenschaft der Kurfürstin Dorothea erlosch.

Nun fiel die Herrschaft Schwedt — als solche wird der Gütercomplexus incl. Wildenbruch wieder benannt — nach Vorschrift der Stiftungs-Urkunde de **1670**, an die Descendenz des Kurfürsten Friedrich Wilhelm des Großen erster Ehe, die Könige von Preußen und Churfürsten von Brandenburg. — Dem zu Folge nahmen Se. Majestät der König Friedrich Wilhelm **II.** von der Herrschaft Besitz und setzten darüber eine Immediat-Administration.

Die Regulirung des Nachlasses des letzten Markgrafen Friedrich Heinrich wurde einer Immediat-Kommission übertragen, welche Inhalts der Stiftungs-Urkunde und der spätern Erbrezesse die Ausscheidung des eigentlichen M a j o r a t s von dem ganzen Vermögen und die Abfindung der Allodial-Erben bewirkte.

Unter der Regierung Sr. Majestät des Königs Friedrich Wilhelms III. wurde Schwedt im Jahr 1809, hinsichtlich der Güter-Verwaltung, unter die Königliche Regierung zu Stettin gestellt, nachdem die Immediat-Administration aufgehoben worden.

Die Rechtspflege über sämmtliche Theile dieser Herrschaft besorgt das schon lange unter dem Titel:

„Justiz-Kammer der Herrschaft Schwedt"

bestehende Gericht, welches von dem Kammer-Gerichte zu Berlin und den Ober-Landes-Gerichten zu Frankfurt und Stettin ressortirt, da die zugehörigen Ortschaften theils in der Churmark Brandenburg, theils in der Neumark, theils in Pommern belegen sind.

Zum eigentlichen Majorate gehören Inhalts der anno 1771 aufgenommenen Beschreibung der Herrschaft Schwedt, welche bei der Erbregulirung des letzten Markgrafen zum Grunde gelegen, folgende Ortschaften:

I. Zum ehemaligen Amte Schwedt.

1) Schwedt.
2) Damm-Vorwerk.
3) Vorwerk Montplaisir.
4) Hohenkränig.
5) Niederkränig.
6) Saathen.
7) Grabow.
8) Reichenfelde.

9) Nahausen.
10) Meyenburg.
11) Berkholz.
12) Schönermark.
13) Hohenfelde.
14) Nipperwiese.
15) Vierraden.
16) Der Zoll zu Stendolchen.
17) Heinersdorff.
18) Blumenhagen.
19) Gatow.
20) Peetzig.

II. Zur Herrschaft Wildenbruch.

21) Wildenbruch.
22) Uchtdorf.
23) Jädersdorff.
24) Streesow.
25) Gornow.
26) Brusenfelde.
27) Rohrsdorf.
28) Marienthal.
29) Liebenow.
30) Neuen Grape.
31) Roderbeck.
32) Rörichen.
33) Thönsdorf.

34) Linde.

35) Köselitz.

36) Lindow.

37) Gäbersdorff.

38) Neuendorff.

39) Reesen.

40) Die Bahnsche Mühle.

Außer diesen eigentlichen Mojorats-Gütern werden zwar noch einige Güter, als:

Fiddichow, Cunow, Kehrberg, Schönfeld, Steinwehr und Selchow, sogenannte Prinzeßliche Güter, mit der Herrschaft Schwedt verwaltet,

dieselben sind jedoch erst später angekauft und in wirkliche Domainen verwandelt. Schon die Art und Weise, wie die Herrschaft Schwedt gebildet und wie darüber im Laufe der Zeit verfügt worden, ergiebt, daß sie in staatsrechtlicher Beziehung, nach heutiger Verfassung, als ein gewöhnlicher Staatsgrundbesitz nicht angesehen werden kann, wobei die Persönlichkeit des Besitzers ohne wesentlichen Einfluß bleibt.

Die in neuerer Zeit von dem Königlichen Ober-Landes-Gerichte zu Stettin aufgestellte Ansicht (S. Anlage B.), daß die Herrschaft Wildenbruch, welche einen integrirenden Theil der Herrschaft Schwedt und mit derselben Ein Ganzes bildet, wie weiter unten näher ausgeführt werden wird, die Qualität einer Domaine habe, kann schon deshalb für begründet nicht erachtet werden. Diese Behauptung wird vielmehr bei näherer Prüfung der Stiftungs-Urkunde (auch Kaufrezeß genannt) vom 28. Juni 1670, hinlänglich widerlegt.

Unbestritten bleibt diese Urkunde dasjenige Document, wonach sowohl die politischen, als auch die privatrechtlichen Verhältnisse der Besitzer der Herrschaft Schwedt beurtheilt werden müssen. Diese Urkunde enthält nun folgende Willens-Aeußerungen:

„Wozu denn dieselbe (die Churfürstin) auf Unser (des Kurfürsten Friedrich Wilhelm) verschiedentliches Zureden und Remonstriren, daß dieses Amt (Schwedt) nicht eben ein Domainenstück sei, sich endlich bewegen lassen" u. s. w.

Durch diese Erklärung, daß das qu. Amt keine Domaine sei, ist die Freiheit desselben ausdrücklich nachgewiesen und damit bezeichnet, daß es weder ein Eigenthum der regierenden Familie als solcher, noch des Staates gewesen sei.

Ferner heißt es in der qu. Urkunde:

„Wenn auch Ihr Liebden einige adliche und andere Güter, außer kurfürstliche Domainen, erkaufen und erblich an sich bringen werde, so sollen selbige dem Amte Schwedt mit incorporirt und ejusdem qualitatis wie vorbedacht worden und in allem gleiche Freiheit genießen."

Bereits oben ist erwähnt, daß Wildenbruch von der Königin Christine von Schweden dem Freiherrn v. Vidal als eine freie Herrschaft überlassen worden. Sie war mithin keine kurfürstliche Domaine, und wurde demnach, der ausdrücklichen Bestimmung jener Stiftungs-Urkunde gemäß, so wie sie in das Eigenthum der Kurfürstin Dorothea überging, eo ipso dem Amte Schwedt einverleibt und bildete von da ab mit demselben Ein Ganzes.

Alle Bestimmungen der qu. Urkunde, welche für das Amt Schwedt galten, müssen deshalb auch für Wildenbruch gelten, und eine Rechtsverschiedenheit in Ansehung der einzelnen Theile der Herrschaft Schwedt, soweit sie die Familien-Stiftung bildet, waltet mithin gar nicht ob.

Eine Rechtsverschiedenheit der einzelnen Theile der Herrschaft Schwedt ist auch weder von dem Kammer-Gerichte zu Berlin, noch von dem Ober-Landes-Gerichte zu Frankfurt je angenommen; es beruht daher nur auf einer von der, der vorerwähnten Gerichts-Behörden verschiedenen Rechtsansicht des Königl. Ober-Landes-Gerichts zu Stettin, daß der zu Pommern gehörige Theil der Herrschaft Schwedt, die Herrschaft Wildenbruch, eine andere Qualität haben soll, als die übrigen in der Kur-, Neu- und Uckermark gelegenen. — Auch ist das Königl. Ober-Landes-Gericht zu Stettin auf diese abweichende Rechtsansicht nur durch einzelne Ausdrücke und fern liegende Beziehungen gelangt.

Die Successions-Ordnung war nach oftgedachter Urkunde in der Art festgestellt, daß die männlichen Nachkommen der Kurfürstin Dorothea, aus der Ehe mit dem Kurfürsten Friedrich Wilhelm den Großen, secundum jus primogeniturae in den Besitz gelangen sollten. — Sofern aber alle deren männliche Descendenten mit Tode abgehen, alsdann sollte das Amt Schwedt, nebst den dazu acquirirten Gütern, auf die Nachkommen des Kurfürsten erster Ehe, die Kurfürsten in Brandenburg (Worte der Urkunde) gelangen.

Dem entsprechend ist auch, nach dem über den Nachlaß der Kurfürstin Dorothea den 28. Juli 1690 abgeschlossenen Erbrezeß, das Amt Schwedt nebst Zubehörungen incl. Wildenbruch von der Theilungsmasse abgesondert, dem Markgrafen Philipp Wilhelm als Primogenitus zugetheilt, auch darin angegeben, wer nach ihm zur Succession gelangen sollte und wörtlich angeführt:

„Dafern aber nach Gottes Willen sämmtliche vorbemerkte Markgrafen und alle deren männliche Descendenz mit Tode abgehen sollten, also daß keiner derselben mehr am Leben, fallen alle diese Aemter und Güter an das Kurhaus Brandenburg auf Art und Weise, wie in obgedachtem Kaufrecesse (d. i. die Urkunde vom 28. Juni 1670) mit Mehrerem enthalten."

Es ist aus diesem Zusatze im Erbrezesse, welcher letztere im Allgemeinen die Allerhöchste Confirmation erhielt, daß nämlich die Herrschaft Schwedt event. an das Kurhaus Brandenburg heimfallen solle, jedoch eben so wenig eine Veränderung in der Natur des Majorats zu folgern, wie das Königl. Ober-Landes-Gericht zu Stettin vermeint, als daraus, daß in dem alten Hypothekenbuche der Besitztitel für die Nachkommen der Kurfürstin Dorothea, Markgrafen

Friedrich Wilhelm und Friedrich Heinrich, mit der Bemerkung eingetragen worden, daß die Herrschaft Wildenbruch, nach gänzlichem Abgange der männlichen Descendenz der Kurfürstin Dorothea, an die

„Krone und das Kurhaus Brandenburg"

falle, und daß späterhin, bei dem wirklichen Heimfalle der Herrschaft, nach dem Tode des Markgrafen Friedrich Heinrich, an die Descendenz des Kurfürsten Friedrich Wilhelm II., auf den Antrag der inmediate niedergesetzten Kommission, der Besitztitel für die

„Krone Preußen und das Kurhaus Brandenburg"

eingetragen ist.

Denn in allen spätern Erbrezessen ist ausdrücklich auf die Bestimmungen der Stiftungs-Urkunde vom 28. Juni 1670 Bezug genommen und darin angeordnet, daß, im Falle die qu. Herrschaft an die Nachkommen des Kurfürsten Friedrich Wilhelm des Großen erster Ehe gelangen möchte, solches auf Art und Weise geschehen solle, wie dies mit Mehrerem in der qu. Urkunde bestimmt sei.

In diesem Documente ist aber keine Bestimmung enthalten, daß das Amt Schwedt oder die dazu später acquirirten und incorporirten Güter ihre ursprüngliche Qualität verlieren und den Domainen einverleibt werden sollten, wenn der Heimfall an die Kurfürsten von Brandenburg stattfinde.

Da nun ferner nach der Urkunde die Succession secundum jus primogeniturae erfolgen muß, eine gleiche Successions=Ordnung auch in der Chur und Krone stattfindet so ist es klar, daß der Erbe des Throns auch gleichzeitig in den Besitz der Majorats=Herrschaft Schwedt incl. der derselben incorporirten Güter gelangt, und war es daher mit Rücksicht auf die Preußische Verfassuug ganz gleichgültig, ob der Besitztitel für die Krone Preußen oder für den König von Preußen berichtigt wurde.

Ein Unterschied im Begriffe zwischen König und Krone kann in dieser Hinsicht nicht einleuchten, und erscheinen alle aus diesen Umständen von dem Königlichen Ober=Landes=Gerichte abstrahirten Argumentationen gegen die Natur des Privat=Hauseigenthums und für die Domainen=Qualität der Herrschaft Wildenbruch nicht wohl erheblich.

Aus dem Vorerwähnten ergiebt sich

1) daß die Herrschaft Wildenbruch als ein integrirender Theil der Herrschaft Schwedt zu betrachten ist, auf den alle diejenigen Bestimmungen zur Anwendung kommen müssen, welche für das ursprüngliche Amt Schwedt erlassen sind;

2) daß weder das Amt Schwedt, noch die Herrschaft Wildenbruch Staats=Domainen seien.

Es fragt sich nun, ob bei einzelnen Theilen der Herrschaft, und zwar bei Wildenbruch seit der Zeit, als sie an die Nachkommen des Kurfürsten Friedrich Wilhelm des Großen, die Könige von Preußen gelangten, Ereignisse eingetreten sind, wodurch die ursprüngliche Eigenschaft dieser in

Form eines Majorats gebildeten Familien-Stiftung verändert worden ist.

Aus den bereits angeführten Umständen, daß der Besitztitel für die Krone Preußen berichtigt worden, kann, wie erwähnt, nicht gefolgert werden, daß die Herrschaft Schwedt bei ihrem Heimfallen an die Nachkommen Friedrich Wilhelms eo ipso ihre privatrechtliche Natur als Familien-Eigenthum verloren habe.

Eben so wenig ist erwiesen, im Gegentheil, es ist gar nichts vorhanden, was den Beweis liefern könnte, daß es die Absicht Sr. Majestät des Königs Friedrich Wilhelm II. oder Sr. Majestät Friedrich Wilhelms III. gewesen, die Herrschaft Schwedt oder einzelne Theile derselben den Staats-Domainen einzuverleiben.

In dem Allgemeinen Landrecht ist der Begriff einer Domaine festgestellt.

Der §. 11. Tit. 14 Thl. II. sagt darüber:

> Einzelne Grundstücke, Gefälle und Rechte, deren besonderes Eigenthum dem Staate und die ausschließliche Benutzung dem Oberhaupte desselben zukommt, werden Domainen genannt.

Daß aber das ehemalige Amt Schwedt und die demselben incorporirte Herrschaft Wildenbruch niemals Domainen in diesem Sinne gewesen, ist bereits dargethan, und rücksichtlich Wildenbruchs sogar erwiesen, daß es den Grundbesitz eines Privatmanns gebildet hat. — Ein Eigenthumsrecht des Staats auf diese Herrschaft existirt nicht und kann daher unmöglich bei Wildenbruch von einer Domainen-Qualität die Rede sein.

Dagegen bestimmt das Allgemeine Preußische Landrecht aber

§. 13 und §. 14 l. c.

> Was Personen aus der Familie des Landesherrn, oder der Landesherr selbst, durch irgend eine, auch bei Privatpersonen stattfindende, Erwerbungsart erlangen, soll, so lange keine ausdrückliche Einverleibung in die Domainen erfolgt, als Privat-Eigenthum angesehen werden.

Dieser Fall liegt hier bei Schwedt vor.

Die Erwerbungsart, durch welche Ihre Majestäten Friedrich Wilhelm II. und III. in den Besitz von Schwedt gelangten, war Erbschaft, mithin ein Titel, aus denen auch Privatpersonen Eigenthum erlangen können.

Schwedt und, was mit demselben in gleichem Verhältnisse steht, Wildenbruch müssen daher in staatsrechtlicher Beziehung, im Sinne des Allgemeinen Landrechts, als Privatgrundbesitz angesehen und rechtlich bei allen damit vorgenommenen Verfügungen so beurtheilt werden, wie dies durch die Familien-Stiftung selbst und durch das Allgemeine Landrecht vorgeschrieben, so lange nicht eine ausdrückliche Erklärung Sr. Majestät des Königs die Incorporation in die Domainen gebietet.

Daß eine solche Erklärung aber so beschaffen sein müsse, daß der Gegenstand selbst, so wie die Absicht, was damit gemacht werden solle, genau bezeichnet werde, wenn sie ausdrücklich sein soll, ist wohl an und für sich klar. — Unmöglich kann aber aus beiläufig über solche Grundstücke getroffenen Anordnungen eine ausdrückliche Erklärung abgeleitet werden, wie dies in Bezug auf Wildenbruch von dem Stettiner Ober-Landes-Gerichte geschehen ist.

Zu diesen Anordnungen und Beziehungen gehört außer den oben bereits angeführten Umständen wegen der Besitztitelberichtigung

a) daß die anfänglich angeordnete Immediat-Administration aufgehoben und Schwedt nebst Wildenbruch der Domainen-Kammer, jetzigen Königlichen Regierung zu Stettin, untergeordnet worden (Resc. v. 29. Febr. 1816 [II. 3205]);

b) daß bei Veräußerungen und Ablösungen von Domainen-Zinsen von den zu Schwedt und Wildenbruch gehörigen Gütern die Bestimmungen des Hausgesetzes vom 17. December 1808 angewendet, die Kaufgelder zur Staats-Schulden-Tilgung verwandt und von dem Staats-Schulden-Tilgung-Etats-Quanto abgeschrieben worden; und endlich

c) daß in der Allerhöchsten Cabinets-Ordre vom 6. April 1801 gesagt sei:

daß der Abschloß in der Herrschaft Schwedt, wie in den übrigen Domainen aufhören solle.

Wenn

ad a die Verwaltung der zu Schwedt und Wildenbruch gehörigen Güter der Regierung zu Stettin von Sr. Majestät dem Könige übertragen worden, so kann daraus keine Erklärung abgenommen werden, daß jene nun Domainen sein sollen. Im Gegentheil läßt sich eher auf das Entgegengesetzte aus dem Grunde schließen, weil sämmtliche Güter, ohne Rücksicht auf ihre Lage in verschiedenen Provinzen, der Verwaltung der Königlichen Regierung zu Stettin anvertraut sind, was nicht geschehen sein würde, wenn es Domainen hätten werden sollen, weil alsdann doch wahrscheinlich jeder Provinz die innerhalb der Grenzen derselben belegenen Güter belassen worden wären. Sofern also keine anderen Beweismittel existiren, können die aus diesen Thatsachen gezogenen Folgerungen wohl schwerlich die behauptete Domainen-Qualität von Wildenbruch begründen. — Eben so wenig ist

ad b. ein Argument für jene vom Ober-Landes-Gerichte ausgesprochene Ansicht darin zu finden, daß die Bestimmungen des Hausgesetzes vom 17. December 1808 auf Schwedt und Wildenbruch angewendet werden und bei Veräußerungen u. s. w. bisher die Kaufgelder u. s. w. von dem Staats-Schulden-Tilgungs-Etats-Quanto abgeschrieben sind.

Es ist zwar richtig, daß die zu Schwedt und Wildenbruch gehörigen Güter bei Abschätzung der Pommerschen

Domainen, welche Behufs Ermittelung des zur Veräußerung zu stellenden Etats erfolgte, hinzugerechnet wurden; allein dies ist gerade als ein Versehen der betreffenden Behörde bezeichnet, indem bereits im Jahr 1812 von den Königlichen Ministerien die Ansicht ausgesprochen ist, daß die Herrschaft Schwedt nicht zu den Domainen gehöre (Beilagen C., D. u. E.), und späterhin unter dem 10. März 1827 (Beilage E.) die Königliche Regierung von dem Königlichen Ministerio der Finanzen darauf aufmerksam gemacht wurde, daß die zur Herrschaft Schwedt und Wildenbruch gehörigen Güter nicht zu den Domainen zu rechnen, daher die Formalitäten des Hausgesetzes, und mithin bei Veräußerungen der Abschreibung vom Staats-Schulden-Tilgungs-Quanto nicht unterläge.

Was endlich

ad c. die Bestimmung der Allerhöchsten Cabinets-Ordre vom 6. April 1801 anbetrifft, so läßt sich daraus wohl am allerwenigsten Etwas folgern, da durch dieselbe nur die Art und Weise bezeichnet ist, wie es rücksichtlich einer Abgabe gehalten werden soll. — Ein Gleiches zu bestimmen, dürfte jedem Privatmanne freistehen, und aus einer solchen Erklärung, daß es auf gewissen Gütern, hinsichtlich einer Domanial-Abgabe, gerade so gehalten werden solle, wie auf den Königlichen Domainen, gewiß nicht gefolgert werden können, daß diese Grundstücke deshalb Domainen werden müssen.

Zieht man außerdem noch die über die Herrschaft Wildenbruch getroffenen Anordnungen Sr. Majestät Friedrich Wilhelm II. in Betracht, wonach diese Herrschaft der Königlichen Bank verpfändet und so darüber disponirt wurde, daß die Absicht Sr. Majestät, dieselbe als Privat-Eigenthum zu benutzen, unverkennbar hervorgeht, so kann die entgegenstehende Ansicht, in Ermangelung jeglichen Beweises, daß des Königs Majestät Friedrich Wilhelm III. eine andere Absicht mit Wildenbruch gehabt, wohl nicht als haltbar angenommen werden.

Insofern also keine ausdrücklichen Bestimmungen aufgewiesen werden können, wodurch die Herrschaften Schwedt und Wildenbruch den Domainen einverleibt, dürfen dieselben auch nicht als Domainen anzusehen sein und daher die Formalitäten des Hausgesetzes vom 17. December 1808 nicht auf dieselben zur Anwendung kommen, vielmehr die rechtlichen Verhältnisse nach der Stiftungs-Urkünde und event. nach den landrechtlichen Bestimmungen zu beurtheilen sein.

Inzwischen ist eine völlige Feststellung der Angelegenheit noch nicht erfolgt, und hat man die Sache einstweilen auf sich beruhen lassen (Beilage G.). Die Sache scheint indeß um so weniger zweifelhaft, als die (in der Beilage C. erwähnte) Allerhöchste Cabinetsordre vom 28. April 1812 ebenfalls die Voraussetzung hat, daß die Herrschaft Schwedt nicht zu den Staats-Domainen gehöre.

Alle Veräußerungen der zur Herrschaft Schwedt und Wildenburch gehörigen Güter sind mithin, und mit Beziehung auf die Rechte der Agnaten, wie Veräußerungen von Fideicommiß= und Majorats=Gütern zu betrachten.

Die Gelder, welche aus Veräußerungen von Gütern der Herrschaft Schwedt zur General=Staats= und Schulden=Tilgungs=Kasse geflossen, sind (nach dem oben allegirten Rescript vom 29. Februar 1816, II. 3, 205) gesondert nachzuweisen und in einem besondern Titel zu buchen gewesen.

Beilagen.

A.

Wir Friedrich Wilhelm von Gottes Gnaden Marggraf zu Brandenburg des Heiligen Römischen Reichs Ertz-Cämmerer und Churfürsten in Preußen ꝛc. Uhrkunden hiemit und bekennen, Alß Unß Graf Gustav Adolph von Varrenßbach mit einem Anlehn von 25,000 Rthlr. vormahl unterthänigk an handt gangen, darüber auch eine Versicherung sub dato den Acht und Zwantzigsten Juny des Eintausend Sechshundert Vier und Sechtzigsten Jahres, aufs Ambt Schwedt und Vierraden von Unß erlanget, So ist derselbe nach zu ende gelaufenen ersten Sechß Jahren auf die Wiedererstattung solches seines vorgesetzten Capitals bestanden, welches Wir sofort wieder aufzubringen, Unserer Cammer beschwerdter Zustandt nicht zulaßen wollen; Alß haben Wir die durchlautigste Fürstin Frau Dorotheen, Marggrafin und Churfürstin zu Brandenburg, gebohrne Hertzogin zu Schleßwig, Holstein ꝛc.

in Preußen, ꝛc. ꝛc. Unsere hochgeliebte Gemahlin bitlich ersuchet, solch Capital der 25,000 Rthlr. dem ermelten Grafen Varenßbacher wieder auszuzahlen, und hergegen das Ambt Schwedt und Vierraden Erblich vor Sich und dero mit Unß gezeugeten Printz Philipp Wilhelms Liebd. alß welches Wir Ihnen aus respective Ehelicher und Väterlicher Affection und Liebe am allerliebsten gönnen wollten, hiewieder an Sich zu nehmen, Wozu dann dieselbe auf Unser verschiedliches Zureden und remonstriren, daß dieses Ambt nicht eben ein Domainen-stück, sich endlich bewegen laßen, vorgenannte Summe der 25,000 Rthlr. nebst noch 1500 Rthlr. alß worauf die sub dato dem Graf Varrenßbach verschriebene Meliorations Kosten von 2500 Rthlr. behandelt worden, und also in allem 26,500 Rthlr. bahr, an harten vollgültigen, nach Reichs Schrot und Korn unverbotenen Species Reichsthalern auch in unzertrennter Summe zu des mehr gemeldeten Grafen Varrenßbacher Contentirung, alß eine Kauf Summe vor das Ambt Schwedt und Vierraden Unß vorgesetzet und hergeschoßen, deswegen Wir dann Ihr Liebd. des Empfanges obbemeldeter Summe halber, bester maßen hiedurch quittiren, und der Exceptioni non numerate vel non accepte pecunia kräftigst begeben, und im übrigen mit Ihr Liebd. wegen mehr gedachten Ambts Unß folgendergestalt wollwißend, bedachtlich und mit genügsamer überlegung aller Umstände verglichen.

1. Ueberlassen und treten Wir hochgedachter Unserer

Gemahlin und folgendlich und zuförderst Unsers Sohnß Philipp Wilhelms Liebd. oder wenn Wir sonsten mehr Männliche Leibes Erben mit hochgedachter Unserer Gemahlin Liebd. weiter erzielen werden, für die besagte Snmme der 26,500 Rthlr. hiermit Erblich ab das Amt Schwedt und Vierraden mit allen deßelbigen Zubehörungen, Rechten und Gerechtigkeiten in Geist- und Weldtlichen Sachen hohe und Niedere Jurisdiction und was davon dependiret, denen Kirchen Lehnen, Schloß und andere Gebäuden, alle Zölle zu Waßer und zu Lande, keine davon ausbeschieden, Item alle Forste und was davon dependiret und daraus genoßen werden könne, doch daß dieselbe in keinerleyweise verwüstet werden, unter andern die hohe und Niedere Jagdten, daneben die Zinsen Pächte, Dienste, in denen beyden Städtlein und denen Dörfern, Aekern, Wiesen, Gärten, Hütungen, Triften, Seen, Teiche, Fischereyen, Vorwerke und Vorwerks-Stätten, Gärten, Viehzucht, Mahl- und Schneide-Mühlen, nebst aller andere Hab- und Nutzungen, wie die immer Namen haben mögen, und wie weylandt Unsere hochseelige Mutter und Groß Fraw Mutter Christmilden Andenkens dieselbe bei diesem Ambte (als Wittwen-Sitz) gehabt und genoßen, nichts überall davon ausgeschloßen, als die Landes Fürstliche hohe Obrigkeit und Jus territoriale, Item allerhandt Stewren und Contributiones, wenn die im gantzen Lande ausgeschrieben werden, Und soll zuförderst Unsere Gemahlin Liebd. und nach deren nach dem Willen Gottes erfolgenden Absterben (welches Gott in Gnaden lange verhüte) Printz Philipp Wilhelms Liebd. und deßen Männliche Nachkommen, alß auf welche es vornehmlich und allein gehen soll, oder so derselbige ohne Männliche Erben versterben würde, die Innige Printzen, so wir mit Unserer hochgeliebten Gemahlin Liebd. weiter erzeugen möchten, solches Ambt Erblich haben, halten, gebrauchen und nach Ihrer besten Gelegenheit einrichten und genießen; Wann aber, wie gedacht, Unsers geliebten Sohns Printz Philipp Wilhelms Liebd. ohne Männliche Erben versterben würde, alßdann soll daß gedachte Ambt auf die übrigen Printzen successive secundum jus primogenitura und dero Männliche Erben kommen, und so derselben Keine mehr vorhanden, oder der Höchste Unß in stehender Ehe mit weitern Printzen zu segnen, nicht gelieben würde, so daß dieses Ambt an Prinzeßinnen kommen und devolviret werden möchte, Alßdann sollen Ihnen die 26,500 Rthlrn. nebst denen bei diesem Ambte gethanen erweißlichen Meliorations-Kosten, Insonderheit wenn einige liegende Güter, Sie mögen Nachkommen haben, wie Sie wollen, dazu acquiriret, in eben solchem Preyß, und mit solcher Müntze, alß die Außzahlung geschehen, wieder erstattet werden, und ehe solches geschehen, Sie das Ambt zu verlaßen nicht gehalten seyn, Wenn aber von Unserer hochgeliebten Gemahlin mit Unß erzeugten Nachkommen keine mehr im Leben, alßdann soll das Amt Schwedt nebst dem dazu acquirirten und incorporirten Gütern an Unsere Nachkommen Churfürsten zu Brandenburg wieder gelangen und devolvirt werden.

2. Wird Ihr Liebd. der volle Einschnidt an Sommer- und Winter-Korn auch das, in allen Vorwerkern vorhandene Viehe und Was sonsten 2c.

3. Wenn auch Ihr Liebd. und mit beschriebene einige Adeliche und andere Güter, außer Churfürstlichen Domainen erkauffen, und Erblich an Sich bringen werde: So sollen selbige dem Ambte Schwedt mit incorporiret und ejusdem Qualitatis wie vorgedacht, werden, und in allen, gleicher Freiheit genießen, gleichwohl solchergestalt, daß denen gemeinen Landes Oneribus nichts dadurch entgehe, sondern das schuldige davon allemal herbeigetragen und entrichtet werde, doch stehet Ihr Liebd. und denen von Unß und Ihr erzeugeten Nachkommen frei, dieserwegen mit der Landschaft auf ein gewißes zu handeln und sich darüber mit Ihr zu vergleichen, Welches alles, wie Wir wohl bedächtlich hochgedachter Ihr Liebd. und dero mit beschriebenen vor Unß und Unsere Nachkommen, Churfürsten zu Brandenburg von erstgemeldete Summe der 26,500 Rthlr. Erblich überlaßen, concediret und verschrieben, auch Sie hierdurch in eine ruhige und wirkliche Possession des Ambts Schwedt und Vierraden krafft dieses setzen, Also renunciren Wir auch vor Unß und Unsere Nachkommen, Churfürsten zu Brandenburg allen und Jeden Exceptionen, Beneficien und Wohlthaten der Rechte, wie die immer Namen haben, alß weren Sie alle und Jede Wördt-

lich hierin angeführet und enthalten, Zu deßen urkundt haben Wir dieses eigenhändlich unterschrieben und mit Unserm Churfürstlichen Innsiegel bedrucken lassen. So geschehen und Gegeben zu Cöln an der Spree den acht und zwantzigsten Juny des Eintausendt Sechshundert und Siebenzigsten Jahrs.

Friedrich Wilhelm.

B.

Einer Königl. Regierung erwiedern wir auf das geehrte Schreiben vom 12. v. M., betreffend die Güter der Herrschaft Schwedt, daß wir die in dem Rescript des Königl. Finanz-Ministerii vom 10. März c. aufgestellte Ansicht, wonach man anscheinend annehmen will, daß die Herrschaft Wildenbruch ein Privat-Eigenthum des Königs Majestät sei, mit der Erwerbungs-Art derselben und dem Inhalte der verschiedentlich abgeschlossenen Rezesse und Verträge nicht in Uebereinstimmung zu bringen wissen, und uns daher auch mit den aufgestellten Grundsätzen nicht einverstanden erklären können.

Wenn es in dem Rescripte heißt: es habe die Herrschaft Schwedt schon nach der in dem Rezesse vom 28. Juny 1670 enthaltenen ausdrücklichen Bestimmung kein Domainenstück sein sollen; so bedarf diese Behauptung in Beziehung auf Wildenbruch der faktischen Berichtigung.

Durch den Vertrag vom 28. Juni 1670 hat der Churfürst Friedrich Wilhelm der Gr. seiner Gemahlin, der Churfürstin Dorothea, das Amt Schwedt und Vierraden verkauft und in Beziehung dieses Amts kommen allerdings in diesem Vertrage die Worte vor:

der Churfürst habe seiner Gemahlin remonstrirt, daß dieses Amt nicht ein Domainen-Stück sei.

Welche Deutung man aber auch diesen Worten beilegen will, jedenfalls ist nicht zweifelhaft, daß sie sich auf die Herrschaft Wildenbruch nicht beziehen können, weil solche nicht Gegenstand dieses Vertrages gewesen ist, auch nicht hat sein können, da die Herrschaft Wildenbruch damals noch gar keinen Bestandtheil der Herrschaft Schwedt bildete; vielmehr erst durch den Kaufvertrag v. 20. Juni 1680 erworben ist, welchen die Churfürstin Dorothea mit dem französischen Rath und Residenten Peter Baron von Vidal, unter landesherrlicher Bestätigung, abgeschlossen hat.

Aber in einer andern Beziehung hat der Rezeß vom 28. Juni 1670 allerdings Beziehung auf die Sache. Es heißt in demselben nämlich:

§. 3. Wenn auch Ihro Liebden einige adliche und andere Güter, außer churfürstlichen Domainen, ankaufen und erblich an sich bringen würden, so sollen selbige dem Amte Schwedt mit incorporirt sein und ejusdem qualitatis, wie vorgedacht haben,

und da dieser Fall durch den späterhin erfolgten Ankauf der Herrschaft Wildenbruch eingetreten ist, so finden auch die übrigen Bestimmungen des Rezesses vom 28. Juni 1670 nicht wieder auf Wildenbruch Anwendung. Diese Bestimmungen gehen aber dahin, daß das Amt Schwedt und Vierraden auf die männlichen Nachkommen der Churfürstin Dorothea, secundum jus primogeniturae fallen,

> wenn aber von Unserer Gemahlin mit Uns erzeugten Nachkommen keine mehr am Leben, alsdann das Amt Schwedt, nebst den dazu acquirirten und incorporirten Gütern an Unsere Nachkommen, Churfürsten zu Brandenburg, wieder gelangen und devolvirt werden sollen.

Dem entsprechend, ist auch in dem, über den Nachlaß der Churfürstin Dorothea, den 28. Juli 1690 abgeschlossenen Rezesse, das Amt Schwedt und dessen Zubehör von der Theilungsmasse abgesondert, dem Markgrafen Philipp Wilhelm als Primogenitus zugetheilt, bestimmt, wer nach ihm zur Succession gelangen sollte und beigefügt worden:

> dafern aber nach Gottes Willen sämmtliche vorbenannte Markgrafen und alle deren männliche Descendenten mit Tode abgehen sollten, also daß keiner derselben mehr am Leben, fallen alle diese Aemter und Güter an das Churhaus Brandenburg, auf Art nnd Weise, wie in obgedachtem Kauf-Rezesse mit mehr vorme enthalten.

In solcher Art ist denn die Herrschaft Wildenbruch von dem Markgrafen Philipp Wilhelm und Friedrich Heinrich besessen worden und in dem alten Hypothekenbuche für sie der Besitztitel ausdrücklich mit der Bemerkung eingetragen worden, daß die Herrschaft Wildenbruch nach gänzlichem Abgange der männlichen Descendenz der Churfürstin Dorothea

an die Krone und das Churhaus Brandenburg

falle, in welcher Art auch nach dem Ableben des Markgrafen Friedrich Heinrich der Besitztitel nach dem ausdrücklichen Antrage der zur Regulirung dessen Nachlasses immediate niedergesetzten Kommission umgeschrieben worden, so daß noch jetzt derselbe

für die Krone Preußen und das Churhaus Brandenburg

eingetragen steht. —

Nach diesen Voraussetzungen will nicht einleuchten, wie die Herrschaft Wildenbruch als ein Privat-Eigenthum betrachtet werden will, da, nach dem deutlichen Inhalt der Rezesse, dieselbe

an die Nachkommen des Churfürsten Friedrich Wilhelm, die Churfürsten in Brandenburg

oder wie es in dem spätern Rezesse heißt:

an das Churhaus Brandenburg gelangen sollte,

in der Allerhöchsten Confirmation des über den Nachlaß des Markgrafen Friedrich Wilhelm geschlossenen Rezesses dd. den 5. October 1771 bestimmt ist:

wie es bei dem künftigen Anfalle der Herrschaft Wildenbruch an die Krone gehalten werden sollte,

und endlich der Besitztitel ausdrücklich

für die Krone Preußen und das Churhaus
Brandenburg

berichtigt ist. Bestimmungen und Bezeichnungen, welche mit der Natur des Privat-Eigenthums nicht wohl zu vereinigen sind, vielmehr, wie es uns scheint, nicht füglich Zweifel darüber lassen, daß die Herrschaft Wildenbruch zu den im §. 11, u. 12. Tit. 14. Thl. II. des allgemeinen Landrechts näher bezeichneten Grundstücken gerechnet werden muß.

Daß dies die richtige Ansicht sei, bestätigen auch die späterhin über die Herrschaft Wildenbruch getroffenen Verfügungen. Es ist zwar richtig, daß die Herrschaft Wildenbruch, nach deren Anfall besonders administrirt und mit einer Schuld von 336,982 Rthlr. belastet worden; dies läßt aber die Folgerung nicht zu, welche das Königl. Finanz-Ministerium daraus herleitet. Denn die Anordnung, wie die Domainen des Staats verwaltet werden sollen, hängt ohne Zweifel allein von dem Willen des Oberhaupts des Staats ab, dem die Benutzung der Domainen ausschließend gebührt. Die aufgenommene Schuld ist aber nach dem Inhalt der Allerhöchsten Verschreibung vom 8. August 1789, welche übrigens ausdrücklich von Sr. Majestät für sich und seine Nachkommen in der Krone und Chur, also als Staatsoberhaupt ausgestellt worden, ausdrücklich zu dem Ende contrahirt und verwandt, um die Allodial-Erben des Markgrafen Heinrich wegen ihrer Ansprüche in Beziehung auf die der Krone zugefallene Herrschaft zu befriedigen, entsprechend den Königl. Versicherungen in der Bestätigungsurkunde vom 21. September 1771. Eine unter solchen Umständen contrahirte Schuld ist aber nichts weniger, als ein Beweis dafür, daß die Herrschaft Wildenbruch als Privat-Eigenthum betrachtet worden. Für das Gegentheil ist aber geltend zu machen, daß

a) bekannntlich die anfänglich angeordnete Immediat-Administration demnächst aufgehoben uud die Herrschaft Schwedt, einschließlich der Herrschaft Wildenbruch, der Verwaltung der Domainen-Kammer untergeordnet, auch in eben der Art, wie alle übrigen Domainen verwaltet worden.

b) bei sämmtlich inzwischen erfolgten Veräußerungen von Domainen, und Ablösungen von Domainen-Zinsen, bis auf die neueste Zeit, die Bestimmungen des Hausgesetzes vom 17. December 1808 beobachtet, und insbesondere die Kaufgelder u. s. w. von der Summe, innerhalb welcher nach dem von des Königs Majestät vollzogenen Etat Domainen-Grundstücke veräußert werden dürfen, in Abzug gestellt worden, so wie denn

c) die Eigenschaft der Herrschaft Schwedt, als eine Domaine, in der Allerhöchsten Cabinets-Ordre vom 6. April 1801.

N. C. C. Th. XI. S. 145. No. 93 de 1817.

zureichend ausgesprochen ist, insofern in solcher ausdrücklich gesagt worden,

daß der Abschuß in der Herrschaft Schwedt wie in den übrigen Domainen aufhören solle.

Aus diesen Gründen werden wir daher fortfahren, die Herrschaft Wildenbruch als wirkliche Domaine zu betrachten, insofern nicht anderweitige Urkunden und Beweismittel vorgelegt worden, welche die Behauptung des Königlichen Finanz-Ministerii besser, wie die angeführten Gründe, zu erweisen geeignet gefunden werden können.

Uebrigens ist Nipperwiese als ein Pertinenz der Herrschaft Wildenbruch im Hypothekenbuche verzeichnet und da es eben deshalb ein besonderes Folium nicht hat, so wird es auch des gewünschten Hypothekenscheins von Nipperwiese nicht bedürfen.

Stettin, den 19. Juli 1827.

Königl. Preuß. Ober-Landes-Gericht und Lehns-Kanzlei von Pommern.

(gez.) **Hempel.** **Zettwach.** **Müller.**

C.

Das Königl. Ober-Landes-Gericht von der Neumark hat dem Regierungs-Rath Schartow unterm 15. d. M. bekannt gemacht, daß die Berichtigung des Besitztitels des Amts Hohenkränig für des Herrn Staats-Kanzlers Freiherrn von Hardenberg Excellenz nicht geschehen könne, bevor nicht nachgewiesen worden, daß den Vorschriften des Hausgesetzes vom 6. November 1809 genüget sei. Das Hausgesetz findet aber hier keine Anwendung. Dasselbe beziehet sich, seinem ganzen Inhalte nach, nur auf Domainen-Güter, und das Amt Hohenkränig ist, wie die Herrschaft Schwedt, wozu es gehörig, weder ursprünglich ein Domainengut gewesen, noch in der Folge und am wenigsten seit dem Rückfall von 1788 den Domainen incorporirt, sondern jederzeit als eine Privat-Erwerbung des Landesherrn behandelt worden. Die Sache ist schon bei Gelegenheit der Veräußerung des ebenfalls zu der Herrschaft Schwedt gehörigen Vorwerks Berckholz an den Lieutenant v. Beyer zur Sprache gekommen und deshalb ausführlich an des Königs Majestät berichtet, hierauf aber die abschriftlich beiliegende Allerhöchste Cabinets-Ordre vom 28. April d. J. erfolgt, und derselben gemäß, das Kammergericht zur Eintragung des Besitztitels von Berckholz für den Lieutenant v. Beyer angewiesen worden.

Das Königl. Ober-Landes-Gericht erhält daher hiermit den Befehl, von der Forderung der Nachweisung, daß den Vorschriften des, auf das Amt Hohenkränig durchaus nicht anwendbaren Hausgesetzes vom 6. November 1809 genügt worden, gänzlich abzustehen, vielmehr die Eintragung des Besitztitels dieses Amtes für des Herrn Staats-Kanzlers Freiherrn v. Hardenberg Excellenz, sofort zu bewirken.

Berlin, den 12. Juni 1812.

Der Justiz-Minister

(gez.) **Kircheisen.**

An

das Königl. Ober-Landes-Gericht von der

Neumark

zu

Soldin.

D.

Nachdem von dem Königl. Ober-Landes-Gerichte zu Soldin unterm 16. v. M. erstatteten Berichte nimmt dasselbe Anstand, der auf die Allerhöchster Cabinets-Ordre vom 28. April d. J. gegründeten Verfügung vom 12. v. M., wegen Berichtigung des Besitztitels des Amts Hohenkränig für den Herrn Staatskanzler Freiherrn v. Hardenberg, Folge zu leisten, indem es auszuführen sich bemühet, daß die Herrschaft Schwedt, zu welcher das gedachte Amt bisher gehört hat, sowohl nach den Rezessen vom 28. Juni 1670 und 28. Juli 1690 als auch nach dem Allg. L. R. Thl. 2. Tit. 14. §. 15. für ein Domainengut zu achten, und daher bei der jetzigen Veräußerung nach dem Hausgesetze vom 6. November 1809 zu beurtheilen sei.

Nach dem erst erwähnten Rezesse hat der Kurfürst Friedrich Wilhelm nicht nur über die Herrschaft Schwedt als über sein Privateigenthum disponirt, und solche seiner Gemahlin Dorothea für 26,500 Rthlr. verkauft, sondern auch ausdrücklich erklärt, daß diese Herrschaft kein Domainenstück sei. In dieser Hinsicht kann also auch aus dem Vorbehalte des Rückfalles an das Kur-Haus auf den Fall des Absterbens der mit der Kurfürstin Dorothea erzeugten Nachkommenschaft nicht gefolgert werden, daß die Herrschaft Schwedt nach der Intention des gedachten Kurfürsten bei dem eintretenden Rückfalle für ein Domainenstück geachtet werden sollen, sondern es ist vielmehr anzunehmen, daß dieser per pactum vorbedungene Rückfall nichts Anderes als eine, auch unter Privatpersonen stattfindende, Erwerbungsart begründe. Es ist daher gar nicht zweifelhaft, daß die Herrschaft Schwedt vor und nach dem Jahre **1760** bis zu dem im Jahre **1788** erfolgten Rückfalle weder ein wirkliches Domainengut gewesen, noch durch die Rezesse von **1670** und **1690** zu einer Domaine bestimmt worden ist.

Ein anderer Zweifel ist aus dem A. L. R. Thl. **2.** Tit. **14. §. 15.** hergenommen, indem, nach dem Anführen des Königl. Ober-Landes-Gerichts, der Besitztitel von der im Jahre **1788** zurückgefallenen Herrschaft Schwedt für die Krone in das Hypothekenbuch eingetragen und von des hochseeligen Königs Friedrich Wilhelm **II.** Majestät weder unter Lebendigen noch von Todeswegen darüber disponirt worden sein soll. Allein das Kammergericht hat gerade aus der Eintragung in das landschaftliche Hypothekenbuch das Gegentheil, und daß des Königs Majestät die Herrschaft Schwedt den Domainen nicht habe beifügen wollen, gefolgert, und diese Folgerung ist auch an sich ganz richtig, weil damals die Domainen gar nicht eingetragen worden sind, und mithin aus der Eintragung der Herrschaft Schwedt deutlich erhellet, daß der Landesherr dieselbe als sein Privat-Eigenthum, welches sie auch wirklich war, hat angesehen wissen wollen. Noch mehr wird diese Folgerung durch den von dem Kammergericht ebenfalls angeführten Umstand verstärkt, daß die Herrschaft Schwedt der Banque für ein Darlehn verpfändet, und diese Verpfändung erst unter der jetzigen Regierung gelöscht worden ist.

Des Königs Friedrich Wilhelm II. Majestät hat also über die Herrschaft Schwedt wirklich unter Lebendigen, und zwar dergestalt disponirt, daß die Vermuthung einer beabsichtigten Einverleibung in die Domaine des Staats völlig entkräftet ist.

Dem Königl. Ober-Landes-Gerichte wird demnach hiermit wiederholentlich befohlen, der Verfügung vom 12. Juni d. J. wegen Berichtigung des Besitztitels des Amtes Hohenkränig für den Herrn Staats-Kanzler Freiherrn v. Hardenberg ohne längeren Verzug die schuldige Folge zu leisten.

Berlin, den 7. Juli 1812.

Der Justiz-Minister

(gez.) **Kircheisen.**

E.

(Extrakt.)

Ew. Excellenz beehren wir uns ganz ergebenst zu erwiedern, wie die von Ihnen angegebenen Grundsätze nämlich:

> daß die Herrschaft Schwedt, so weit solche von dem Kurfürsten Friedrich Wilhelm durch den Vertrag vom Jahre 1670 seiner Gemahlin überlassen worden, keine Domaine sei,
>
> daß die seit dem Rückfalle der Herrschaft Schwedt an die Kroue im Jahre 1788, dazu acquirirten Güter die Domainen Eigenschaft besitzen,

auch gegenwärtig noch unverändert feststehen.

Berlin, den 16. Juli 1828.

Ministerium des Königlichen Hauses.
In Abwesenheit und im Auftrage Sr. Durchlaucht
(gez.) **v. Raumer.**

Ministerium der Finanzen.
In Abwesenheit des Herrn Finanz-Ministers Excellenz
(gez.) **v. Koenen.**

An
Sr. Excellenz den Herrn Justiz-Minister
Grafen von Dankelmann.

F.

Die Herrschaft Schwedt sollte schon nach der in dem Rezeß vom 28. Juni 1670 enthaltenen ausdrücklichen Erklärung kein Domainenstück sein. Dieselbe ist auch nach dem Rückfalle an den Preußischen Staat im Jahre 1788 besonders administrirt, mit neuen Schulden belastet, der Banque verpfändet und so darüber verfügt worden, daß die allerhöchste Absicht Seiner Majestät des Königs Friedrich Wilhelm II., sie als Privat-Eigenthum fortwährend besitzen und den Domainen des Staats nicht einverleiben zu wollen, außer allem Zweifel gesetzt wird. Die Vorschriften des Hausgesetzes vom 17. December 1808 sind deshalb nur auf die in der Herrschaft Schwedt belegenen Güter Fiddichow, Cunow, Kehrberg, Schönfeld und Steinwehr (Selchow) anwendbar, weil letztere zu den Zeiten des Herrn Markgrafen Friedrich Wilhelm zu der Herrschaft zugekauft und nach dem Rückfalle an das Königliche Haus in wirkliche Domainen verwandelt worden sind.

Dies wird der Königlichen Regierung hierdurch eröffnet, um das dort zu führende Special-Conto, von den Abschreibungen von dem Staats-Schulden-Tilgungs-Etats-Quantum der, der Formalitäten des Hausgesetzes unterworfenen Verpfändungen und Veräußerungen an Domanial- und Forst-Gegenständen, darnach zu berichtigen und von den dadurch entstandenen Veränderungen alsbald Anzeige zu machen.

Berlin, den **10.** März **1827.**

Finanz-Ministerium.

General-Verwaltung für Domainen und Forsten.

(gez.) **Keßler.**

G.

Obwohl es bei Gelegenheit der Besitztitel-Berichtigung für den Erwerber der zur Herrschaft Schwedt gehörigen Domaine Hohenkränig sowohl von dem Königlichen Justiz-Ministerio als von dem Königlichen Ober-Landes-Gerichte zu Soldin (jetzt Frankfurt) anerkannt ist, daß die Herrschaft Schwedt, ausschließlich der sogenannten Prinzeßlichen Güter Cunow, Kehrberg, Fidelichow, Schönfeldt, Steinwehr und Selchow, nicht als Domaine zu betrachten sei, und die Veräußerungen von derselben daher auch nicht der Abschreibung auf das Staats-Schulden-Tilgungs-Etats-Quantum unterlägen: so erscheinen die von dem dortigen Ober-Landes-Gerichte, nach dem von der Königlichen Regierung unterm 3. d. M. abschriftlich eingereichten Schreiben vom 19. v. M., hiergegen angeführten Gründe doch allerdings sehr erheblich, und in dieser Hinsicht, und weil für jetzt von dem Staats-Schulden-Etats-Quanto der dortigen Provinz noch ein bedeutender Theil zu Veräußerungen disponible ist, mag von dem Verlangen, daß die Veräußerungen in dem pommerschen Theile der Herrschaft Schwedt von jenem Etats-Quanto nicht abgeschrieben werden, für jetzt abgestanden werden, und die Frage darüber vorerst auf sich beruhen.

Berlin, den 26. August 1827.

Finanz-Ministerium.

General-Verwaltung für Domainen und Forsten.

(gez.) **Keßler.**

An
die Königl. Regierung zu Stettin.

Berlin, Druck von A. W. Hayn.

Kolibri 360 GmbH
Ferdinand-Jühlke-Straße 7
99095 Erfurt, Deutschland
produktsicherheit@kolibri360.de